www.ingramcontent.com/pod-product-compliance
Lightning Source LLC
Chambersburg PA
CBHW080139240526
45468CB00009BA/2612
* 9 7 8 1 7 2 3 9 8 9 4 3 8 *